Doris und Jürgen Sieckmeyer

Echt Kölsch

Das Buch über Lebensart, Bier und Sprache der Kölner

Wienand

Die Deutsche Bibliothek – CIP-Einheitsaufnahme

Echt Kölsch: das Buch über Lebensart, Bier und
Sprache der Kölner / Doris und Jürgen Sieckmeyer.
- Köln: Wienand, 1999
ISBN 3-87909-672-4

Redaktion: Susanne Brandau
Fotografie: © Jürgen Sieckmeyer
Lektorat: Markus Reckewitz
Gestaltung: Jürgen Sieckmeyer
Lithographie: bzmedien, Köln
Gesamtherstellung: Druck- & Verlagshaus Wienand

ISBN 3-87909-672-4

Verliebt in eine Stadt

Kölsch – was ist das eigentlich? Ein Bier, eine Lebensart, eine Sprache? Oder alles gleichzeitig, oder alles miteinander? Wahrscheinlich letzteres. Das Zufällige, den Charme der Improvisation – das mag der Kölsche. Lässig, jedem Ding seinen Platz lassend, aber lustig. „Loss mer fiere …" Und zwar so oft es geht. Nicht nur zu Karneval.

Wir sind gerührt, also jedenfalls ein bißchen, wenn wir nach einer Reise den Kölner Dom wiedersehen. Das ist keine Übertreibung, sondern das ist schon jedem Kölner unerwartet, überraschend passiert. Die Menschen haben hier irgendwie das Gefühl, der Dom würde ihnen persönlich gehören. Wahrscheinlich stimmt das sogar.

Die kölsche Lebensart wird mit Adjektiven wie lebensbejahend, schlagfertig, witzig, etwas leichtsinnig, clever und großzügig belegt, und sie ist nicht zuletzt den kirchlichen Traditionen verhaftet. Es ist kein Zufall, daß Lebensart, Bier und Sprache in Köln den gleichen Namen haben.

Um das „echt Kölsche" aufzuspüren, ist es wichtig, den Kölner in seinem Alltag zu beobachten: beim „Klaaf" am Marktstand, mit der Einkaufstüte an der Theke einer Kneipe, bei der Arbeit und beim Feiern. Oder sonntags mit der ganzen Familie auf dem Rheindampfer. Dann sind da natürlich die Szenekneipen und Straßencafés, die Straßenfeste, Medienspektakel wie die „Popkomm" und die vielen Restaurants, in denen sich der Kölner gerne aufhält.

Der kölscheste Ort aber ist und bleibt das Brauhaus – und da landet jeder schließlich einmal. Hier finden wir die echten, die alteingesessenen, die Urkölschen und auch den jugendlichen Kölsch-Nachwuchs. Beliebt sind deren Braustuben, ihre Biergärten, die witzigen Köbesse, die schnellen, kleinen Happen zwischendurch oder die großen Haxen und die Vision eines jeden durstigen Kölners: ein frisch gefüllter Kölsch-Kranz.

Kölsche Lebensart zieht viele Künstler an: Maler und Schauspieler, die am Theater oder beim Fernsehen Karriere machen wollen. Kölsche Lebensart spiegelt sich im Vereinsleben wider, im Umgang mit Kirche und Klüngel. Nur in der Domstadt ist der Karneval die offizielle „fünfte Jahreszeit", und viele Kölner lieben auch den Christopher Street Day.

Nur Köln bringt Bands hervor wie BAP, LSE, die Bläck Fööss, die Höhner, die Paveier, die Räuber und all die anderen Gruppen, die fast alle auf kölsch singen und trotzdem überall verstanden werden. In dieser kreativen Stadt gibt es mehr als tausend Bands, die hier ihr Glück versuchen und denen wir Glück wünschen.

Die Kölner sind auch klug genug, daß sie die Verwaltungsbeamten des Bundes im südlichen Vorort Bonn ließen und die Verwaltungsbeamten des Landes im nördlichen rechtsrheinischen Vorort Düsseldorf, um sich vornehmlich der Kultur zu widmen. Das ist wirklich das Schöne an Köln, daß die Stadt aus Handel, Industrie und Kultur heraus lebt. Dafür stehen auch Menschen des Widerspruchs, von Alphons Silbermann über Heinrich Böll bis Klaus der Geiger.
Es ist ein Vorzug dieser toleranten, liberalen Stadt, daß sie mit diesen Querdenkern leben kann und stolz auf sie ist.

Das leichte, schnelle Freundlichsein hier in Köln, das erinnert an die Kunst der Italiener, den ganzen Tag melodisch zu gestalten. Was am Abend dann übrig bleibt, das ist eine andere Geschichte. Jedenfalls war es ein schöner Tag.

In diese kölsche Art zu leben sind wir verliebt. Nirgendwo haben wir, die in Köln „Imis" sind, diese Lebensart gefunden. Nicht im schnellen, schönen Berlin, nicht im leisen, vornehmen Basel, nicht im romantischen Wien oder im verrückten Amsterdam: Hier im herzlichen Köln haben wir unser Zuhause gefunden.

Kölsch – die Lebensart, das Bier, die Sprache

Warum sollte man dem Kölner das kölsche Lebensgefühl erklären, er lebt es ja. Meistens sogar, ohne daß ihm das bewußt ist. Er redet, er trinkt, er klüngelt, weil es ihm gefällt. Das muß man doch nicht groß be- oder ergründen. „Su es et – un fäädich!"

Aber der Gast – sei es der Durchreisende, der Messebesucher, der Dombesucher, der Museumsbesucher oder auch der Altstadttourist aus der Eifel –, dem fällt schon auf, daß Köln etwas Eigenes hat. Und das ist nicht nur der Dom. Es ist eher die Art und Weise, wie die Menschen hier miteinander umgehen. Das kann man im kölschen Brauhaus am besten erleben. Irgendwann landet man sowieso dort.

In dieser Zeit der weltweiten kommunikativen Isolation braucht man einen Ort, an dem man sich zu Hause fühlt. Der klein ist, wo man sich geborgen fühlt. Eine Kölsch-Kneipe ist ein solcher Ort. Und ein Kölsch-Glas – die sogenannte Kölsch-Stange – ist klein, zylindrisch, fast zart. Eigentlich eher geeignet, um nur so nebenbei einen zu trinken.

Ein Pils-Glas dagegen sieht immer so offiziell aus. Und beim Kölsch-Glas hat man den Genuß eines frisch gezapften Bieres viel öfter als zum Beispiel bei einer bayrischen Maß, vor der man eine halbe Stunde sitzt. Für den durchschnittlichen Kölner ist der Durst ein Wert an sich. Im Falle eines Falles sieht er dann direkt ein leckeres Kölsch vor sich – weißer Schaum, gut gekühlt, goldgelb und das Glas durch die Kälte leicht beschlagen. „Nä, wat han ich ene leckere Doosch." Der innige Seufzer sagt mit ein paar kleinen Worten, was Kölsch wirklich ist: ein Lebensgefühl.

Dann die schöne Unsitte des Runden-Trinkens! Wenn man am Tresen steht oder in gemütlicher Runde am blankgescheuerten Tisch sitzt, dann geht die Runde um mit dem Bestellen. Das ist eine Frage der Ehre, egal, ob schon alle ausgetrunken haben oder nicht. „Drink ens us!" Bestellt wird per Handzeichen. Der Köbes weiß eh, worum es geht. Wenn das Kölsch-Glas leer ist, bekommt man ungefragt ein neues. Solange, bis man abwinkt. Es gibt doch wichtigere Dinge zu tun, als zu bestellen. Das wissen alle, und deshalb regelt sich hier alles wie von selbst.

In einer kölschen Kneipe bleibt man nicht namenlos. „Auf wen geht dat Bier?" – und schon steht der Name auf dem Deckel, um den man rund herum trinken kann, Kölsch für Kölsch, Körnchen für Körnchen, Strich für Strich.

Der Kölner sieht die Dinge gern positiv. Es ist doch viel schöner, wenn im Brauhaus statt des Schildes „Reserviert" einfach dasteht: „Dieser Tisch ist frei bis ..."

Da der Kölner an sich gern einen trinkt, sind die Sprüche darüber zahllos. Der kürzeste Witz: „Geht ein Kölner an einer Kneipe vorbei ..." Fünf Kölsch weiter: „Irgendwann verliert der Tag an Kontur, gewinnt aber an Gewicht." Später dann wird Heinrich Heine zitiert: „In Berlin gibt es keinen Pöbel, es sei denn in den allerhöchsten Kreisen." In Köln heißt das dann: „In einer kölschen Kneipe benimmt man sich nicht daneben – oder es wird einem gestattet."

„Hey Kölle, Do ming Stadt am Ring, hey wo ich groß jeworde bin, Du bist en Stadt mit Hetz und Seel, hey Kölle Do bis e Jeföhl" – singt King Size Dick, und in der Stammkneipe kriegen alle feuchte Augen. Ob Kölner oder Imis. Und Imi ist man in alteingesessenen Eingeborenen-Kreisen selbst nach 15 Jahren noch. Der Begriff geht übrigens nicht auf das Wort Immigrant zurück, sondern kommt von einem alten Karnevalsschlager von Gerhard Jussenhoven: „Wä nit richtig Blootwoosch sage kann, dat es 'ne Imi, 'ne Imi, 'ne imitierte Kölsche, janz jewess."

Irgendwann erwischt sich jeder Imi dabei, unbewußt die kölschen Ausdrücke zu benutzen. Diese Sprache, die so frech daherkommt und doch so zärtlich ist. „Mer schenke der Ahl e paar Blömcher ..." – das kann man nicht schöner sagen. In Basel am Theater gibt es eine Souffleuse, die aus Köln stammt und auf Feten Platten von BAP – der Rockgruppe, die auf Kölsch singt – auflegt und dann immer hinreißend herzzerreißend vor Heimweh weint.

Kölsch ist es auch, in der Kneipe diesen wunderbar unsinnigen Gesprächen zuzuhören, was denn die eine Kölsch-Marke von der anderen unterscheidet, und davon gibt es bekanntlich ja etliche in der Stadt. Jeder Gast behauptet natürlich, alle Kölsch-Marken herausschmecken zu können. Philosophie pur.

Es ist einmalig – das Kölsch. Obergärig, schnell gezapft, frisch. „Ein gutes Kölsch dauert 30 Sekunden – inklusive Trinken." Das Bier muß natürlich von einem „ruppigen" Köbes mit einem flotten Spruch serviert werden. Tja, die kölschen Köbesse haben teilweise den fatalen Ruf, ihre Gäste dressieren zu wollen. Aber die unscheinbaren Kellner in anderen Gegenden sind leider nicht so witzig. Und – ein Köbes ist ein Köbes ist ein Köbes, und eben kein Kellner.

PETERS
KÖLSCH

Kölsche Gastlichkeit

Für viele Menschen ist das Brauhaus einer der Mittelpunkte des kölschen Lebens. Die meisten der 24 Kölsch-Brauereien dieser Stadt haben ihren eigenen Brauausschank. Das Früh am Dom, das Päffgen in der Friesenstraße, das Dom in Bayenthal, das Gaffel am Alter Markt. Und die Peters & Bambeck Privatbrauerei aus Monheim hat ihr Peters Brauhaus in der Mühlengasse am Alter Markt. Früher waren ja die meisten Brauereien in der Innenstadt beheimatet, inzwischen sind fast alle außerhalb. Peters mußten diesen Trend nicht mitmachen, sie war schon immer in Monheim, seit über 150 Jahren. Die Brauerei wird in der fünften Generation geführt und ist Mitbegründerin der Kölsch-Konvention.

Das Peters Brauhaus hat mit seinem Haus das große Glück, an alte kölsche Traditionen anknüpfen zu können. Von 1534 – da wird es erstmals in den Bierbüchern der Stadt erwähnt – bis 1898 war hier das Brauhaus „Zum Kranz". Dann übernahm die Familie Brügelmann, eine alte, hoch angesehene Kaufmannsfamilie, das Haus und betrieb dort eine Baumwollspinnerei. Im Zweiten Weltkrieg wurde das Gebäude bis auf die Fassade zerstört, danach von den Brügelmanns aber wieder aufgebaut. Später wurde das Gebäude lange anders genutzt, es fand sich Platz für das legendäre Nobelrestaurant „Chez Alex". Und – endlich – seit 1994 steht hier nun wieder ein Brauhaus. So sieht gelebte, gut bürgerliche, der Tradition verpflichtete Geschichte in Köln aus. Wo früher französische Spitzengastronomie brillierte, gibt es heute Spitzenleistungen der kölschen Küche und der kölschen Braukunst.

Die prächtige Fassade des Brügelmann-Hauses strahlt aus: „Komm rein, fühl Dich wohl, iß und trink, wir sorgen für Dich." Am Abend, wenn das goldgelbe Licht durch die Fenster strahlt, dann zieht der hellerleuchtete Eingang die Durstigen und Hungrigen der Stadt an. Das Brauhaus hat eine ganz eigene Atmosphäre, es wird sehr persönlich geführt, man wird sofort einbezogen – es ist lebendig, die Leute lachen, schwatzen, überall ist Stimmengewirr. Irgendwie gehört der Gast mit dem ersten Schritt, der ihn hier hinein führt, gleich dazu. Brauhäuser sind meist sehr groß – in diesem Haus finden über zweihundert Leute an den Tischen Platz, aber durch die ineinander übergehenden, mit braunem Nußbaum vertäfelten Räume wirkt es trotzdem gemütlich.

Klar, man kann sein Kölsch auch zu Hause trinken. Aber wozu? Es geht ja nicht allein um das Bier. Es geht um das Leben in der öffentlichen guten Stube, es geht um das Gespräch mit den anderen, um beim Kölsch die anstehenden Familien-, Veedels- oder sonstige Weltprobleme zu besprechen. Oder ums Essen. Die Tische sind aus Ahorn, blank gescheuert, lang, schmal und damit sehr kommunikativ. Da muß man schon zusammenrücken, aber das macht den Abend dann noch gemütlicher. Wieder kommt der Köbes vorbei, nicht ruppig, sondern ausgesprochen freundlich.

Er dokumentiert seine Stellung durch seine Kleidung: hellblaues Hemd, schwarzer Schlips, blaue Strickjacke – doppelreihig schwarz geknöpft, lange blaue Schürze, die Ledertasche. Wichtiger als das sind jedoch seine flotten Sprüche, die Art, dem Gast offensiv, witzig und liebevoll zu guter Stimmung zu verhelfen. Hier spielt die Höflichkeit die erste Geige: das Bier wird nicht ungefragt serviert und geduzt wird der Gast auch nicht gleich. Außer, man kennt sich, und er ist Stammgast.

Das Haus ist der Jahreszeit entsprechend immer dekoriert. Mit am schönsten ist es, wenn Ende August der Hopfen frisch aus der Holledau, einem der größten Hopfenanbaugebiete, kommt. Morgens um fünf Uhr wird er dort geschnitten, nachmittags hängt er schon im Brauhaus. Drei Tage lang riecht es dann herrlich nach frischem Hopfen. So wähnt sich der Kölsch-Trinker im wahren Kölsch-Himmel.

Herr Dautaj

Die Geschichte des Kölsch

Bier ist fast so alt wie die Menschheit. Kölsch-Trinken wird im 12. Jahrhundert das erste Mal beobachtet. Es ist überliefert, daß zu dieser Zeit für die Totenwache eines Erzbischofs fünf Almosenempfänger fünfeinhalb Liter Bier, Brot und Speck bekamen. Wasser konnte man damals in Köln aus hygienischen Gründen nicht trinken, die Reichen genossen den Wein, die Armen das Bier. Die Fama sagt, daß die Kölner im Mittelalter deshalb immer alle leicht angetrunken waren. Im 18. Jahrhundert soll der Pro-Kopf-Verbrauch drei bis vier Liter pro Tag gewesen sein. Der Stadtrat forderte damals die Bürger auf, an den Tagen, bevor das Bier gebraut würde, bitte nicht so viel Unrat in die Bäche zu werfen.

Die Kölner Bierbrauer haben seit 1396 einen offiziellen Schutzpatron, Petrus von Mailand. Die Bruderschaft der Bierbrauer ist eine der ältesten in Deutschland. Petrus war ein Dominikanermönch, der im 13. Jahrhundert ohne Angabe von Gründen am Comer See erschlagen und so der Lokalheilige des dort ansässigen Dominikanerklosters wurde. Auch in Köln gab es damals schon ein berühmtes Dominikanerkloster, in dessen Kirche ein Altar diesem Schutzpatron geweiht wurde. Heute steht er in St. Andreas – an hohen Feiertagen immer noch Ziel der kölschen Bierbrauer. Diese enge Verbindung von Kölsch und Kirche hat sich bis heute erhalten.

Zur Sache: Kölsch ist ein helles, klares, blankes, hopfenbetontes, obergäriges, gefiltertes Vollbier aus Gerstenmalz, das nur im Umkreis von 40 Kilometern von Köln – man muß den Dom noch sehen können – gebraut werden darf. Manche sagen, das rechtsrheinische Bier – und hier zerreißt es jedem Linksrheinischen das Herz – sei das bessere, da das Wasser dafür aus dem Bergischen kommt. Und dat Wasser is jot. Aber diese Behauptung geht schon stark in den Bereich der Philosophie.

Die Hefe schwimmt beim Kölsch-Gärprozeß, im Gegensatz zu den anderen Brauarten, oben – daher der Name obergärig. Wie der Kölner – der schwimmt auch immer oben, egal, was das Leben bietet.

Der Köbes – der Mensch zur Stadt

Ist der Köbes die Inkarnation des Kölners? Jedenfalls gibt es ihn nirgendwo anders als in dieser Stadt. Warum sind manche Köbesse eigendlich so rauhbeinig? Ursprünglich waren das ja Brauburschen. Früher gab es in den Brauhäusern nämlich noch keine Gaststätten. Man konnte das Bier nur in Siphons kaufen. Als es dann Gasträume gab, kaufte der Köbes sein Faß Kölsch vom Brauer. Und das mußte natürlich bald verkauft werden. Da Kölsch wenig Kohlensäure hat, muß man es schnell trinken, sonst wird es schal. Wenn das alles zu lange dauerte, meckerte der Köbes, damit die Gäste schneller tranken – er mußte sein Bier ja schließlich loswerden – und trank deshalb selbst kräftig mit.

Heute rechnet der Köbes das verkaufte Bier über Wertmarken einzeln beim „Zappes", dem Bierzapfer, ab. Im traditionellen Brauhaus steht eine kölsche Besonderheit, der sogenannte „Bichstohl" – der Beichtstuhl. Früher saß da die Wirtin, heute ist es der Zahlmeister, der mit den Köbessen abrechnet und Zigärrchen verkauft.

Der kölsche Name Köbes heißt auf Deutsch schlicht Jakob und entspricht dem lateinischen Jacobus. Das Grab dieses wichtigen Apostels liegt im spanischen Wallfahrtsort Santiago de Compostela, bis heute ein berühmtes Pilgerziel. Ein Köbes läuft an einem Tag genau so viel wie ein Pilger. Sagt man. Trinkt aber mehr.

Wenn der Köbes einen mittrinkt, dann trinkt er das Kölsch in einem Zug. „Das heißt hier nicht nippen, sondern kippen." Wird ein Wasser bestellt, fragt er: „Seife und Handtuch dabei?" Und daß er seinen Gast duzt, ist keine Mißachtung, sondern es ist im Gegenteil die offizielle Aufnahme in den großen brüderlichen und schwesterlichen Kreis der Kölsch-Trinker.

Ein Köbes zum anderen: „Verführ den Mann doch nicht zum Trinken." Die Antwort: „Der ist doch freiwillig hier reingekommen."

Kölsches Essen

Im kölschen Brauhaus bestellt man nicht aus der Karte „Speisen und Getränke", sondern aus der Fooderkaat.

Und der Köbes erklärt dem Fremden natürlich alles, wenn auch nicht immer geduldig. Sogar die richtige Aussprache wird x-mal vorgemacht, bis es auch der Letzte begriffen hat. „Die Lück künne jo nix döför, dat se nit vun he sin!"

Aber was nehmen? Nur ein Süppchen? Soore Kappes Zupp, Sauerkrautsuppe? Dazu der gute alte kölsche Spruch: „Wer im Sommer Kappes klaut, hat im Winter Sauerkraut!" Oder etwas Deftiges: Mett-, Tatar- oder Speckhappen? Oder Halve Hahn met Röggelche? Serviert mit dem alten Kölner Witz auf den Lippen: „Nein, das ist kein Geflügel, sondern mittelalter Holländer ohne Knochen, also Käse, mit Roggenbrötchen."

Oder Kölscher Kaviar – welche Köstlichkeit für den, der es liebt –, lecker serviert met Öllig un Mostert wird er vom Köbes so: „Kölscher Kaviar, dat es en leckere Flönz, oder wie mer och sage kann – wann mer et kann – en Blotwoosch."

Neigt die kölsche Küche zur Übertreibung? Nein, hier wurde einfach nur aus der Not eine Tugend gemacht. Kölscher Kaviar hört sich einfach besser an als Blutwurst und schmeckt auch gleich besser.

Einmal in der Woche ist Rievkoochedaach. Am besten ißt man die Reibekuchen, also Kartoffelplätzchen, Kartoffelpuffer – wie man sie anderswo nennt – mit Schwarzbrot, Butter und Rübenkraut. Es geht natürlich auch vornehmer, mit Räucherlachs oder angemachtem Tatar, muß aber nicht sein.

Dann gibt es noch solche Köstlichkeiten wie einen Meter Brotwoosch, Bratwurst. Und weitere Rheinische Spezialitäten wie Decke Bunne met Speck oder Rheinischer Soorbrode mit Rosinensauce, Kartoffelklößen und Apfelkompott. Schließlich die Haxe, gekocht als Hämmchen oder gebraten als „tapezierter Knochen". Jedes Brauhaus macht es natürlich anders. Da hat jeder Koch sein eigenes Rezept. Hier eines: „Man muß die Haxe zuerst andämpfen, damit sich die Poren schneller schließen. Dann mit Salz, Pfeffer und Paprika einreiben – und ab in die Röhre. 75 bis 90 Minuten bei 180 Grad braten, dann wird sie schön knusprig. Fäädig! Joden Appetit!"

„Himmel un Äd" – die Äpfel kommen vom Himmel, die Kartoffeln aus der „Äd", der Erde. Aus den Kartoffeln wird Püree und aus den Äpfeln Kompott. Die Flönz, also die Blutwurst, wird ohne Pelle gebraten, die Zwiebelringe werden geröstet und kommen oben drauf.

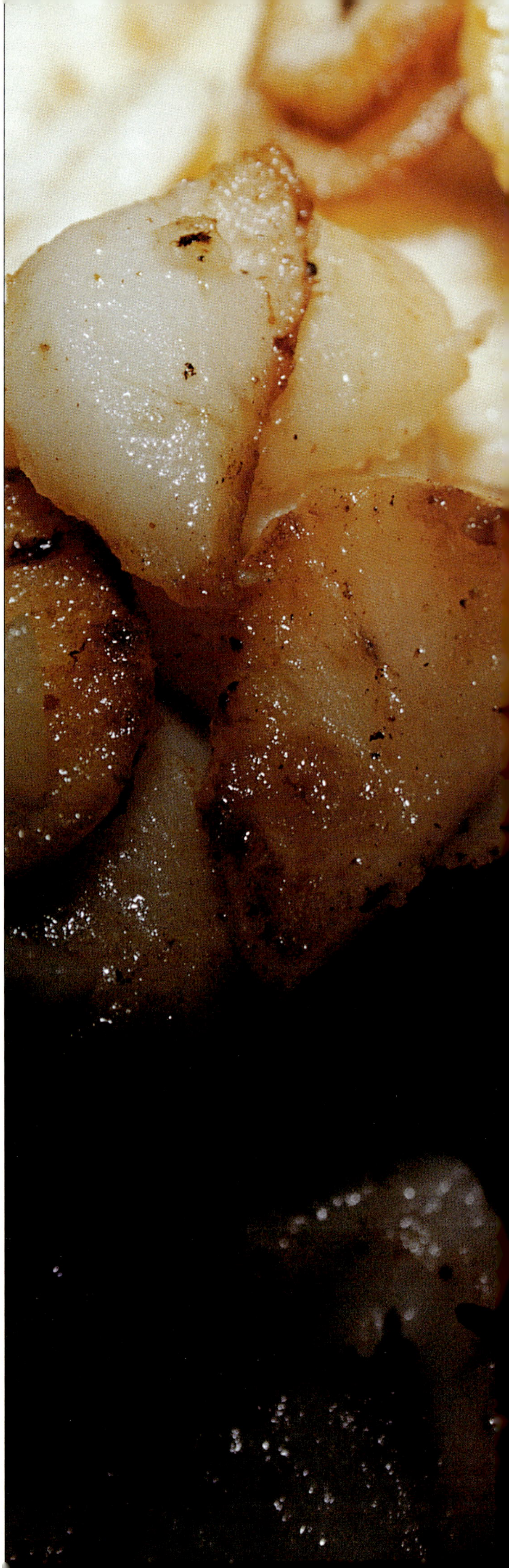

Kölsch für ze Huus

Im Peters Brauhaus in der Altstadt gibt es für den, der zu Hause noch ein letztes, finales frisches Kölsch trinken will, die Möglichkeit, einen Siphon – eine wohlgeformte Flasche, die mit Bier gefüllt wird – mitzunehmen. Zwei Liter Kölsch sorgen dann für die nötige Bettschwere. In der Brauerei werden einmal in der Woche diese Siphons gefüllt. Frau Bambeck, Mutter des Mitinhabers, läßt sich noch heute einmal wöchentlich ihren ganz privaten Siphon füllen.

Für die kleine Feier in der Firma, für zu Hause oder fürs Picknick kann man auch einen Kasten Kölsch mitnehmen. Eigentlich ist Kölsch aus der Flasche ja eine Zumutung. Aber hier ist die gute alte Tradition der Bügelflasche rekultiviert worden. Seit neuestem gibt es die „Plopp-Flasche – das Brauhaus für zu Hause".
Da schmeckt das Kölsch wie frisch vom Faß. Man kann aber auch ein Pittermännchen mitnehmen. So nennt man das kleine Kölsch-Faß mit 10, 15, 20 oder 30 Litern Inhalt. Hier heißt es „Petermännchen".

Früher wurde das Bier zu festen Terminen gebraut. Ein Termin war Peter (auf Kölsch „Pitter") und Paul, daher der Name „Pittermännchen". In Holzfässern wurde das Kölsch aber erst seit dem letzten Jahrhundert gelagert – heutzutage sind es Kunststoffässer –, vorher schwamm es in offenen Bottichen. Hopfen ist seit dem 15. Jahrhundert Grundlage für Bier. Vorher nahm man Kräuter. In Köln war Anis sehr beliebt, aber auch giftige Kräuter, „Gruit" genannt, wurden eingesetzt – als Halluzinogene. Wenn die schweren Essenzen zu extreme Folgen hatten, wurden die „Brauhexen" auch schon mal verbrannt. Denn als Bier noch Grundnahrungsmittel war, brauten es die Frauen. Als man mit Bier dann Geld verdienen konnte, wurde es Männersache. Typisch. Egal, es schmeckt trotzdem.

Natürlich kann man das Bier auch, allerdings etwas stilloser, am Kiosk um die Ecke oder an der Tankstelle holen.

PETERS
KÖLSCH

Heute
Hänmchen
mit
Röggelchen

Veedelskneipen

Die kölsche Lebensart befreit von Trübsal und Frust. Das Kölsch-Trinken hilft manchmal dabei. Außer dem möglichen Kater am nächsten Morgen passiert ja nicht viel. Und den kann man mit einem Kölsch wunderbar kurieren. Jede Veedelskneipe ist ein echter Bezugspunkt für die Menschen der Gegend. Wenn Plätze die Empfangszimmer einer Stadt sind, dann sind die Kneipen die Wohnzimmer. Das gilt sicher ganz besonders für die Kneipen im eigenen Wohnviertel, für die Veedelskneipen. Bei Schnee und Regen ist es wunderbar, dem Ungemach für zwei, drei Kölsch in der Kneipe zu entgehen, einen kleinen Schwatz zu halten, um sich dann zu entschließen, dem miesen Wetter von neuem zu trotzen.

Warum fühlt man sich in Köln so wohl, obwohl die Stadt eigentlich eine eher provinzielle Großstadt ohne Grandezza, ohne die ganz großen architektonischen Höhenflüge ist? Ganz klar: Es sind die Menschen. Und der Kölner hält seine Stadt für die tollste, unübertroffenste Stadt der Welt – aber er wohnt nicht in Köln, sondern in seinem Veedel. Das Viertel ist die wahre Heimat des Kölners. Hier liegt der echte Patriotismus. Der Kölner identifiziert sich mit seinem Veedel: „Alles Jode vun der Welt kütt us Kalk un Ihrefeld." Weder Kalk noch Ehrenfeld gehören zu den Perlen der Städtebaukunst, aber die Menschen, die dort zu Hause sind, sind dort wirklich zu Hause.

Vielleicht hängt man am kölschen Lebensgefühl deshalb so, weil es schon viel geradegebogen hat. Man denke nur an den Ausspruch der Roten Funken bei der Belagerung durch Napoleons Armee. „Jetzt hööt doch op ze scheese, seht ehr dann nit, dat he Lück stonn?" Oder etwas prägnanter: „Et hät noch immer jot jejange". Besonders liebenswert ist diese immer wieder erzählte Geschichte, weil sie gar nicht stimmen kann. Napoleons Truppen haben nie auf Köln geschossen. Im Gegenteil! Bürgermeister Klespe trug ihnen die Schlüssel der Stadttore bis nach Melaten entgegen, versprach die bedingungslose Übergabe der Stadt und ritt zusammen mit den französischen Soldaten zurück in die Stadt. Et hät noch immer jot jejange.

Gegr. Früh em Veedel 1879

TUFFI

Kölsche Türken

Türkische Zeitungen gehören an Kölner Kiosken mittlerweile ebenso wie der „Stadt-Anzeiger" zum gewohnten Bild. Überall in der Stadt sieht man Türken als sorgfältige Zeitungsleser. Wie die deutschen und türkischen Kulturkreise sich mischen, zeigt sich am schönsten beim alltäglichen Schwatz.

Jeden Morgen treffen sich im La Strada auf dem Ring die Discogänger der vergangenen Nacht und auch die, die früh dran sind: Fotografen, Werbeleute – manchmal auch in Personalunion. Im Sommer auf der Straßenterrasse ist das natürlich am schönsten. Und immer da ist Iksan, der türkische Barkeeper, der nach seiner Arbeit im Kauri-Club in der Altstadt hier Hof, die Stimmung hoch und das Gespräch am laufen hält. „Was heißt eigentlich Schnappschuß auf Türkisch?" Wild gestikulierend wird darüber verhandelt. Drei Türken gegen drei Deutsche – und keiner weiß es. Man einigt sich darauf, daß es ab jetzt „Schickschack" heißt.

Das Gespräch nimmt seinen Lauf. Iksan erzählt dann mit seiner herrlich rauchigen Stimme: „Gestern hättet ihr zu mir kommen sollen. Das war der Wahnsinn. Da waren nur ganz komische Leute da. Wir hatten so tolle Musik, und die tanzten alle ganz verkrampft. So tanzt man doch nicht. Das war einmalig, so viele Idioten ohne Ende, die sind doch alle Banane." Und Can, der liebste aller türkischen Kölner Wirte, hört sich das alles an und lächelt sein weises Lächeln.

Iksan erzählt von früheren Zeiten, seit 20 Jahren arbeitet er im Kauri-Klub. Er schwärmt von seinem alten Chef. „Das war ein toller Typ. Er hatte immer einen weiten halblangen Mantel an und eine Baskenmütze auf. Der wohnte hier in der Altstadt. Und er hatte eine Ziege, die wohnte bei ihm. Wenn er einkaufen ging, dann trottete die immer wie ein Hund hinter ihm her, vor den Geschäften blieb sie brav stehen und wartete." So war das damals.

Weinhaus Vogel

Das ist eine wahre Institution am Eigelstein. Im heißesten Sommerwetter, bei strahlendstem Sonnenschein ist es hier immer ein wenig schattig. Im Winter sowieso. Grund genug, im Vorbeigehen auf ein schnelles Glas einzukehren. Und man trifft eben alle. An der Theke stehen die, die da immer stehen. Weltliteratur, ganz besonders die russische des 19. Jahrhunderts, ist ein bevorzugtes Thema. Aus Einkaufstaschen ragen Lauchstangen. Die Probleme des Alltags werden besprochen, die Arbeitslosigkeit, die Renten – die große Politik wird so am Rande miterledigt.

Wieso es eigentlich Weinhaus heißt, obwohl die meisten Kölsch trinken, das ist eines der letzten Rätsel dieser Welt. Dies scheint wohl die eigene Sichtweise des Kölners zu sein, der sich ja auch sonst so manches zu eigen macht, was ihm in die Finger kommt.

Während der napoleonischen Besatzungszeit verboten die Mütter ihren Töchtern zu fraternisieren, also zum Franzosen zu gehen, um dort Ehre und Unschuld zu verlieren. Die Einladung der Charmeure lautete „Visitez ma tente!" – besuchen Sie mein Zelt. Und genau das wollten die Mütter eben nicht, also wurden die Fisimatenten verboten. Eine wirklich schöne Geschichte, die immer wieder erzählt wird, aber überhaupt nicht stimmt. Den Begriff gab es bereits im 16. Jahrhundert, er leitet sich von „vispatenten" – dummes Zeug – ab. Und die Franzosen waren erst von 1794–1814 da, außerdem waren sie privat bei Kölner Familien einquartiert. Den Volksmund aber scheren Tatsachen nicht.

Der Eigelstein feiert

Was an der Eigelsteintorburg alles seit dem 13. Jahrhundert passiert ist, weiß man nicht so genau. Aber das weiß man: Seit 1978 wird hier im Herzen von Köln jedes Jahr das Veedelsfest gefeiert. Denn natürlich braucht jedes Veedel sein Veedelsfest. An der Burg ist die Bühne für die Musik aufgebaut, Kölsch-Stand daneben. Der „Kölsche Trucker" singt und alle singen begeistert mit, Trucker-Lieder. Dann ein Schnulzensänger: „Keine Stunde kommt jemals zurück". Oh Gott, wie platt, aber hier paßt das irgendwie hin.

Und dann tritt Simone auf, gerade 14 Jahre alt, schön, charmant, sehr selbstbewußt, sie macht fast schon den Eindruck einer jungen Frau. Und sie singt auch noch ganz toll. Hinterher erzählt sie: „Ich singe seit fünf Jahren. Meine Freunde in der Schule wissen eigentlich nichts davon. Ja, wenn ich weiter so erfolgreich bin, will ich gerne Sängerin werden." Am Nebentisch wird ein berühmter Schnelldichter offiziell begrüßt. Ein paar Gäste wollen natürlich sofort eine Kostprobe. Es wird sehr komisch und sehr schnell. Hier kennen sich alle: „Wie geht's?" „Ja so, wie geht's Dir?" „Gut." „Man sieht's am Umfang." Dann wird wieder gemeinsam mitgesungen „En Kölle verdöösch keiner, dat jit et bei uns nit."

Es ist nicht gerade die High-Society der Stadt, die sich hier trifft. Die Witze und die Gespräche sind dementsprechend. „Ich hab' auch mal bei Kabänes gearbeitet. Ich mußte die Flaschen leermachen." An der Bierbude neben dem Rievkoochestand stehen drei glückliche Kölner: „Gestern haben wir uns etwas übernommen, da müssen wir uns heute zurückhalten, aber kommt doch um halb vier und nochmal um halb sechs vorbei, das Leben hat verschiedene Phasen."

Einbahnstraße

Straßenfest in d´r Elsaßstroß

Polterabend oder Straßenfest in der Elsaßstroß, das macht keinen Unterschied. Das Lied hat schon Recht, da ist verdammt was los. Wie auf jedem Straßenfest, auf jeder Feier in jeder Vorstadtgegend. Kölsche Lieder, kölsche Sprache, kölsches Bier. Nicht weniger, nicht mehr. Und da ist Marion, die reife Schönheit, die bereitwillig ihr Glas abstellt, um mitzuteilen: „Das da ist der Bernd, der ist Maurer. Der da heißt auch Bernd, der hat drei Berufe: der ist Blech- und Stahlbauschlosser und Schweißer. Und ich bin Hausfrau, aber gehören tue ich keinem von den beiden Bernds. Mein Bernd heißt Hermann."

Egal, man gibt einen aus. Jeder schwad und singt mit jedem. Mit Großstadt hat das hier nichts zu tun, eher mit Bauernhochzeit in der Eifel. Das macht die Großstadt aus, jedes Veedel hat seine Note, jeder Jeck ist anders.

Exquisa
Sion
KÖLSCH

D´r Stüsser in d´r Nüsser Stroß

Das ist eine urtypische, schöne, wirklich alte Veedelskneipe. Hierhin verirren sich die Szenegänger nicht. Hier trinken, essen, lesen und philosophieren die Nachbarn aus dem Agnesviertel. Alte Männer sitzen schweigsam stundenlang nebeneinander am Tisch. Der eine liest die „Kölnische Rundschau", trinkt dazu gut durchgewärmte Bowle – wer hat eigentlich diese Römergläser verbrochen? –, der andere trinkt Kölsch und freut sich des Lebens.

Diesem Ort merkt man die Geschichte einfach an, daß das hier ein langjähriges Familienunternehmen ist – und darauf wird sehr stolz hingewiesen. Der schwarze Koch, den man durch die Klappe echt kölsche Gerichte zaubern sieht, gehört auch schon längst dazu. Und wohlfühlen kann man sich in dieser Kneipe. Das liegt nicht nur an den liebenswerten, lustigen Leuten, die man hier kennenlernen kann. Nein, das liegt auch sehr am Licht. Irgendwie scheint immer die Sonne rein. Die Sonne wirft natürlich immer Schatten, aber hier ganz besonders schöne.

Heiraten im Alten Rathaus

Samstag vormittag, heute wird mal nicht eingekauft, sondern eingeheiratet. „Eigentlich bin ich gar nicht aufgeregt. Hab' ich mir schlimmer vorgestellt. Aber wo ist denn die Frau zum Heiraten? Die ist ja noch gar nicht da. Die muß aber kommen!" Sie kommt dann auch. Und schnell rein ins historische Rathaus, hier finden die Trauungen im 30-Minuten-Takt statt. Der Standesbeamte ist ausgesprochen guter Laune. Wünschen wir dem Brautpaar, daß das ein gutes Omen für eine gutgelaunte Ehe ist. Während der Zeremonie wird draußen schon der Sekt eingeschenkt. Die Sonne strahlt und der Leierkastenmann, Orjels Winn aus Köln-Porz, auch. Dann kommt das frisch verheiratete Paar aus dem Rathaus. Es werden Blumen, Konfetti und Reis geworfen. Die Tauben freuen sich.

Nach zehn Minuten hat das Paar es sich immer noch nicht anders überlegt. Also, schnell die offiziellen Fotos, mit launigen Zurufen: „Mensch, lacht doch mal, das ist der schönste Tag in eurem Leben!" Und dann strahlen sie bis über beide Ohren. Eine Gruppe russischer Köln-Touristen staunt über das lustige Treiben. Nebenan werden die Tische für andere Hochzeiten dekoriert, mal rustikal mit Kölsch und Röggelche, mal vornehm mit Champagner und Kaviar. Der Hausmeister des Rathauses fegt nach jedem Paar die Treppenstufen – das nächste Pärchen darf kommen. Die verschiedenen Empfänge vermischen sich langsam – hoffentlich nicht die Brautpaare. Na dann, viel Glück ihr beiden!

Fronleichnam

Der Kölner an sich ist fromm, seiner Kirche zugetan. Wenn es auch nicht mehr im Trend der Zeit liegt, ganz so oft zum Gottesdienst zu gehen, so gibt es doch Ereignisse im Leben des Kölners, wo er den Beistand der Kirche nicht missen will: Taufe, Kommunion, Hochzeit und Beerdigung. Da kommen die Freunde, die Verwandten, da wird Kölsch gesprochen und getrunken.

Und dann Fronleichnam mit der großen Prozession durch die Straßen der Innenstadt und der feierlichen Messe vor dem Dom. Das erleben Tausende Kölner aller Nationen. Und immer ist ein guter Schuß der kölschen Leichtigkeit dabei. In Vorfreude wird auch schon mal dem einen oder anderen Brauhaus zugezwinkert. Was nutzt die ganze Beichterei am Samstag, wenn man nicht vorher ein wenig über die Stränge schlagen und hinterher ein Kölsch trinken kann?

Und manche Pfarrer pflegen wirklich einen sehr liebevollen Umgang mit dem Katholizismus. Einer erzählt: „Es ist Sankt-Martins-Umzug. Ein Gemeindemitglied kommt aufgeregt zu seinem Pfarrer und sagt: ‚Der, der den Sankt Martin macht auf dem Pferd, der ist ja ein Evangelischer!' Der milde kölsche Geistliche antwortet lächelnd: ‚Dat mäht doch nix. Haupsaach, dat Päd es katholisch.'"

FRONLEICHNAM

„Der Christ muß von Natur aus ein Mensch der Freude sein"

Köln ist katholisch. Das steht so fest wie der Kölner Dom. Aber die Feste werden nicht nur dort gefeiert. Sondern auch etwas weiter draußen. Christi Himmelfahrt, in der Kirche „St. Johannes vor dem Lateinischen Tore", einer schlichten, durch ihre Klarheit schönen Kirche in Bocklemünd, wird ein Festhochamt für eine Schützenbruderschaft gehalten. „Der Friede des Herrn sei alle Zeit mit euch", bittet Pastor Löhers. Er segnet die Gemeinde, die Fahnen der Schützenbrüder und seine Schäfchen. Und die kennt er genau.

Denn schon seit 1967 ist er Pastor in der Pfarrgemeinde Christi Geburt der anliegenden Neubausiedlung. Und seit 1998 Präses der Bruderschaft. So ist es selbstverständlich, daß er nachher auch auf dem Fest erscheint. „Unser Pastor, der trinkt schon gerne mal ein Kölsch", sagen die Leute. Er gibt sogar welche aus. Als ihm eines seiner Schäfchen dabei dann erzählt, daß es wieder nach Bocklemünd zurückzieht, sagt der Pastor: „Wenn Du alles eingerichtet hast, sag mir Bescheid, ich komme dann mit Weihwasser vorbei." Darauf der junge Mann: „Ich kann ja auch ein Pittermännchen besorgen." „Wozu denn? Ich hab doch das Weihwasser, vielleicht passiert ja auf dem Weg zu Dir noch ein Wunder."

Sein Verhältnis zum Glauben ist ein fröhliches. Er zitiert Nietzsche: „Die Christen müßten erlöster aussehen, wenn ich an den Erlöser glauben sollte." Pastor Löhers macht einen sehr erlösten Eindruck.

Dorfleben in der Großstadt

Bocklemünd, Bocklemünd – ach ja, da wird die „Lindenstraße" produziert. Aber Bocklemünd ist noch etwas ganz anderes. Voller Stolz wird hier immer wieder gesagt, „daß es mit der Straßenbahn nur zwölf Minuten bis ins Stadtzentrum sind". Ein Mikrokosmos mit rund 2000 Einwohnern. Der nächste Ort ist Mengenich, mit einer Neubausiedlung von circa 10 000 Menschen. „Früher wurden an der Grenze der beiden Orte richtige Kriege der Dorfjugend gegeneinander geführt. Aber dann vertrug man sich wieder, und es ging gegen Worringen." Das mit den dörflichen Strukturen hat seine Vor- und Nachteile. „Klar, man kann sich immer helfen, aber wenn man mal einem auf die Füße tritt, dann schreit am anderen Ende des Ortes schon jemand Aua."

Heute feiern die 60 Mitglieder der St. Hubertus Schützenbruderschaft Köln-Bocklemünd-Mengenich e. V. und der ganze Ort ein Fest. Schützenbruderschaften wurden zur Pflege des kirchlichen Zusammenlebens und zur Nachbarschaftshilfe gegründet. Früher gingen die Schützen, meist waren es die älteren Männer, nicht in den Krieg, sondern blieben zu Hause, um die Kirche zu beschützen. Heute geht es Gott sei Dank nicht mehr so martialisch zu. Obwohl die Schützenbrüder noch immer mit vielen Orden behangen sind. Und wenn sie lachen oder husten, klingeln sie richtig.

Heutzutage beschützen sie nur noch während der Vorweihnachtszeit die Krippe in der Kirche und den Martinszug der Kinder, die dann von ihnen auch mit Weggemännchen – dem Gebäck, das es nur um diese Zeit gibt – verwöhnt werden. Das Geld dafür wird zu St. Hubertus am 3. November gesammelt. Und es ist ein richtiger Verein mit Statuten. Die Schützen müssen natürlich auch zum Pfarrfest kommen – und sie kommen gerne, denn hier gehört die Kirche noch zum Dorf.

Kommunion am Muttertag

Vor der Kirche Christ König in Longerich ist ein Riesenauftrieb – Muttertag und Kommunion. Viele der Familienmitglieder stehen draußen herum oder verschwinden auf ein schnelles Kölsch in der Kneipe gegenüber. Nach dem Gottesdienst bei den Fotoaufnahmen ruft eine Mama ganz laut: „Kathrin, nemm die Kääz vum Geseech!" Ein Verwandter fragt nach der Zeremonie sofort einen Passanten: „Wo ist denn hier das nächste Büdchen?" Will er einen Schnaps oder eine Zeitung kaufen?

So es dat en Kölle. Und danach wird natürlich im Gasthaus mit der gesamten Familie gefeiert.

Vogelmarkt auf dem Rosenplatz

Sonntag morgen auf dem Rosenplatz in der Südstadt, Vogelmarkt. Ein Stimmengewirr in der sonntäglichen Vormittagsruhe. Verstärkt türkisch, aber auch jugoslawisch und kölsch. Und ein Gezwitscher, daß man sich in einer anderen Welt wähnt. Hier wird jede Art von gefiedertem Getier angeboten. „Komm, nimm die Taube, es ist meine letzte. Sie ist gut. Fünf Mark." Aber auch kleine Enten, Gänse und Hühner gibt es hier, dazu Häschen und Tanzmäuse. Selbstgebaute „kunstvolle" Volieren, Reisekoffer für Brieftauben, jedes mögliche Zubehör und natürlich Fachliteratur – alles, was des Tierfreundes Herz höher schlagen läßt.

Und das Veedelsleben wird so nebenbei organisiert. „Hör mal Jupp, gut, daß ich Dich treffe. Komm, trinken wir schnell 'n Kölsch. Kannst Du meine Tauben nehmen? Ich komme doch nächste Woche ins Krankenhaus – nein, nur zur Beobachtung. Aber wo soll ich mit meinen Tauben denn hin? Es sind zwei Pärchen, weiße, japanische, sehr schön. Nimmst Du sie? Und sag mal, die kleinen, also, die sind grade geschlüpft – überleben die das? Gehen die kaputt, wenn man die umsetzt? Na ja, sind ja auch so klein, aber was soll ich machen?"

Die Vögel bei Currywurst und Kölsch

Die Theaterkantine der Kölner Oper in der Pause der Vorstellung „Die Vögel" von Walter Braunfels, einem Kölner Komponisten. Die Chorsänger singen sich nochmal ein, die Orchestermusiker spielen Skat. Die meisten Chorsängerinnen rauchen. Wie schaffen die das, danach noch ordentlich zu singen? Ein Sänger schimpft laut: „Überall bleibe ich mit diesem Scheißkostüm hängen." Die Ansagen aus dem Lautsprecher schwirren im Raum wie verrückte Bienen: „Noch zehn Minuten bis zum zweiten Akt", „Technik, die Schnürböden besetzen", „Requisite für die Othello-Schminke" – die Schauspielvorstellung im gleichen Haus läuft auch schon längst. Dann aber „Einmal Currywurst". Was soll das denn? Ach so, auch die Theaterkantine benutzt diesen Lautsprecher. Gerade hat der Tenor noch auf der Bühne geschmachtet, war der Held – und nun wird schnell noch die Currywurst verdrückt. Denn gleich wird es klingeln, und der zweite Teil der Vorstellung beginnt.

Das Theater, die Oper – das ist Alltag für all die, die da arbeiten. Paradiesvögel sind die Schauspieler und Sänger nur für die Menschen, die vor der Bühne sitzen. Die Kantine ist das Wohnzimmer des Theaters. Die Themen, über die man dort spricht, betreffen im allgemeinen nicht die große Kunst. Es geht um die Liebe, das Leben, manchmal auch um so profane Dinge wie Gardinenringe oder den nächsten Ölwechsel. Tatsache ist, Theater ist Leben auf, vor und hinter der Bühne. Ganz besonders in Köln. „Theo, bring noch 'ne Runde Kölsch auf uns und alle, die 'nen Vogel haben."

Der kölsche Klüngel

Wenn die drei kölschen K – Kirche, Karneval und Kölsch – zusammenkommen, dann ist das vierte K auch immer dabei: der kölsche Klüngel. Und dagegen ist ja auch nichts zu sagen. „Hat das nicht auch etwas mit Nächstenliebe zu tun?", fragt mit unschuldigem Augenzwinkern ein Kölner Pfarrer.

Der Klüngel ist in Köln so salonfähig, daß er sogar im Stadtmuseum liebend und lobend erwähnt wird: „Der Mensch denkt, der Herrgott lenkt, und der Kölsche klüngelt. Der Kölsche glaubt nicht, daß der Klüngel ausstirbt. Eher glaubt er an den Klüngel nach dem Tod. Wer in Kölle mit dem Klüngel nichts am Hut hat, dem fehlt es auch oft im Köpfchen. Und was man mit der Klüngelkunst schaffen kann, das steht auf der großen Glocke im Ratsturm, die die Kölner Handwerker nach dem Krieg gestiftet haben: Unser Schirmherr, der Konrad, der ganz groß heut regiert, ist als Meister der Bürger ins Rathaus durch den Klüngel gekommen."

Der Kölner selbst sieht es so: „Das Klüngeln ist eigentlich die Abkürzung des Dienstweges. Wo ich in Preußen drei Monate lang Anträge stellen muß, kann ich das in Köln mit drei kurzen Telefonaten erledigen. Mer kenne uns – mer helfe uns! Wenn man die wichtige entsprechende Person nicht kennt, dann kennt man immer noch einen, der einen kennt. Man kann sein Sachanliegen immer direkt an der richtigen Adresse vortragen. Das ist im Grunde das, was Außenstehende nicht verstehen, weil die Kölner unprätentiös sind. Dieser Wunsch, für alles eine praktische Lösung zu finden, die ist ein Hintergrund für den Klüngel. Und es geht ja über Klüngel auch weiß Gott nicht alles. Man kriegt ja auch das Nein schneller. Da weiß man, wo man dran ist."

MILLOWITSCH

Wer an Köln denkt, denkt an Millowitsch. Es ist Sonnabend vormittag, die alte Bestuhlung des Theaters wird verkauft, für 40 Mark das Stück. Es gibt neue Stühle. Natürlich stand dies einen Tag vorher in der Presse, und natürlich kommt ganz Köln und kauft. Denn es gibt sogar ein Autogramm vom Willy auf den Stuhl. Die Möbel gehen bis nach Berlin, Moskau und Bergheim. Jeder darf so viele Stühle mitnehmen, wie er tragen und bezahlen kann. In der Rückschau eine wehmütige Aktion. Einige Wochen später ist Willy, der „kölsche Jung", tot und ganz Köln trauert.

Sohn Peter leitet seit einiger Zeit das Theater. Er hat ein ganz besonderes Verhältnis zum kölschen Klüngel: „Ja sicher, man kennt sich, man hilft sich. Das Problem ist aber: Wenn dir mal jemand einen Gefallen getan hat, dann kommt er hundertprozentig und will etwas in einer Situation, in der es dir überhaupt nicht paßt. Deshalb versuche ich, mich da rauszuhalten."

Seit Jahrzehnten machen die Millowitschs ihr Publikum glücklich. Die „Spanische Fliege" mit dem Alten hat Generationen begeistert. Heute ist „Der König vom Friesenplatz" der Renner.

DER PRINZ VOM FRIESENVIERTEL

„Der Sommer ist doch die schönste Jahreszeit, man sieht endlich, daß die Frauen Haut haben." So wird man von Reinhard Birkenstock, Kölns bekanntestem Strafverteidiger, empfangen. „Wenn so im April die ersten Schultern gezeigt werden, das finde ich wunderbar, ich sitze dann oben an meinem Schreibtisch, arbeite und habe den besten Blick auf die Ehrenstraße."

In seinem Veedel um den Friesenplatz herum kennen ihn alle. Etliche der Bewohner sind seine Klienten. In der Veedelskneipe „Zum Grünen Eck" wird er mit einem kumpelhaften „Hallo Alter" begrüßt. Er hat fast alle von ihnen schon verteidigt.

„Als Strafverteidiger lerne ich natürlich Köln von oben nach unten und von unten nach oben kennen. Ich bin sehr stolz darauf, daß ich ein Strafverteidiger bin, der alle verteidigt, vom Penner bis zum Professor, von der Nutte bis zur Heiligen, vom ganz armen Sack bis zum größten Geldsack – und ich sehe dann die Problemstellungen ganz unterschiedlicher sozialer Schichten angesichts der Autorität des bürgerlich angesiedelten Strafgerichtes.

Das ist übrigens sehr interessant: Manche Leute sind so vornehm, wenn die über die Straße kommen, dann warte ich immer, ob sie mich zuerst grüßen. Ob sie es sich leisten können, den Birkenstock überhaupt zu kennen, wenn sie in Begleitung sind. Nach dem Motto: ‚Bitte sei so gut mein Schatz und grüße mich nicht Unter den Linden.' Andere, die kommen johlend auf mich zu, gerade hier in der Kante am Friesenplatz, da wird der Birkenstock natürlich begrüßt. Und wenn mal was über mich in der Glotze war, dann freut sich natürlich das ganze Viertel, die ganze Szene."

Das Hänneschen-Theater

Mit diesem Theater sind Generationen von Kölnern aufgewachsen. Deutschlands größtes Stockpuppentheater wurde 1802 gegründet – jeden Nachmittag eine Kindervorstellung, jeden Abend eine Erwachsenenvorstellung. Gespielt werden natürlich kölsche Geschichten op kölsch über kölsche Typen wie Hännesche, Bärbelche, Tünnes, Schäl und Speimanes.

Die Spieler sind alle gebürtige Kölner. Es dürfte hier jeder spielen – „aber, ich habe noch nie jemanden erlebt, der die kölsche Sprache erlernt hätte. Man hört, wenn man hier geboren ist, daß es nicht perfekt ist. Die Musik der Sprache ist eine eigene", sagt Heribert Malchers, der Intendant des Theaters.

Besuch in der Puppenwerkstatt – ein Schrank mit 500 verschiedenen Köpfen, Glasschränke, in denen die 1500 kleinen Kostüme hängen. Und die sind ein wahres Wunder, sie werden extra geschneidert. Ein Puppenanzug kostet tatsächlich ebensoviel wie ein Menschenanzug. „Man braucht zwar weniger Stoff, aber die Arbeit ist kniffliger und intensiver." Alles ist exakt nachgebildet, die Anzugweste hat sogar ein Innenfutter. Das sieht der Zuschauer zwar nicht – aber es ist schön so. Übrigens, um eine Puppe umzuziehen, braucht man mindestens eine Stunde, „denn sie kann ja nicht helfen".

Leben am Rhein – Die Anrheiner

Köln ohne den Rhein ist nicht denkbar. Logisch, daß in dieser Medienstadt, in der so viele Fernsehserien produziert werden, auch eine mit dem Titel „Die Anrheiner" gedreht wird. Klar, daß in dieser Serie dann so kölsche Größen spielen wie Samy Orfgen, Hildegard Krekel und Tommy Engel. Logisch, daß die Serie hauptsächlich in einer Kneipe spielt, die direkt am Rhein liegt, nahe bei der Mülheimer Brücke. Aber das versteht kein Kölner, daß in Köln, der Stadt der Kneipen, extra eine Kulissenkneipe gebaut wird, „also nä, mer han doch genug Kneipen".

In der Drehpause sitzt Samy Orfgen auf der Terrasse der Anrheinerkneipe, blickt über das Rheinpanorama und sagt: „Isset nit schön?"

Die Tour de France auf dem Ring

Natürlich ist der Kölner sehr, sehr sportlich. Er geht gerne zu Eishockey- oder Fußballspielen. Obwohl er mit letzterem in den vergangenen Jahren nicht allzuviel Glück hatte. Er fährt auch gerne Rad. Am Rhein entlang Richtung Rodenkirchen, kleiner Halt am Bierbüdchen oder dem „Treppchen", weiter zum Weißer Bogen. Im Kölner Vorort Weiß dann ein Schokoladeneis mit Sahne und wieder zurück.

Aber ab und an läßt er auch fahren. Und wenn, dann natürlich auf einer der Kölner Flaniermeilen. Da gibt es ja verschiedene in der Stadt, für die jeweilige Klientel. Der Ring – für die Familie oder am Wochenende für die, die nachts ihr Auto stundenlang den völlig verstopften Boulevard hoch und runter quälen. Die Pfeilstraße mit ihren Modeboutiquen – für die teuer geschiedene oder auch die gelangweilte Noch-Gattin. Die Ehrenstraße mit ihren Klamottenläden – für die schicken Kids.

Und einmal im Jahr heißt es: Fahrräder an die Macht. Der Ring wird oft gesperrt, wegen der verschiedensten lebenswichtigen Festivitäten. Aber einmal im Jahr gewinnen die Fahrräder und vorher die Skater ihren Kampf gegen die Autos. Daß dann sogar viele Fremde dabei sind, wird großzügig hingenommen. Hauptsache, irgendeiner gewinnt.

NSHOW

Uns kölsche Sproch

Wirklich Richtiges über die kölsche Sproch kann nur der sagen, der hier geboren und mit der Sprache aufgewachsen ist. Lassen wir also eine echte Expertin, Marita Dohmen, Mundartautorin und Dozentin an der Akademie för uns kölsche Sproch, zu Worte kommen: „Die hier gesprochene Sprache ist, wie der Kölner schmunzelnd erklärt, ‚de einzije Sproch, die mer och drinke kann'. Kölsch ist für alle Kölner, Eingeborene wie Imis, vor allem eins: eine Sprache des Gefühls, die Wärme und Herzlichkeit vermittelt.

Das zeigt sich sehr schön an der folgenden Geschichte, einmal in Hochdeutsch und einmal in Kölsch erzählt: Ein junger Mann aus Köln spazierte mit seiner Liebsten am Rheinufer entlang. Als sich das Mädchen vor dem heraufziehenden Gewitter fürchtet, sagt der junge Mann: ‚Komm ein bißchen näher zu mir und fürchte dich nicht. Ich will dich festhalten und immer gut zu dir sein!' Das freute das Mädchen sehr. Op Kölsch hööt dat sich su aan: Ne kölsche Karressant flaneete mößijen Jangs met singem Leevje der Rhing erop un eraf. Wie meteins e Jewedder eroptrecken dät, krääch dat Weech ärch Kadangs. Do trok dä Kavalöres et aan sich eran un saht: ‚Kumm jet et nöher bei mich un bes doch nit bang. Ich passen op dich op un well dich luuter feukele!' Do hät sich dat Mädche fies jefreut.

Und dann die Vorliebe für Verkleinerungen. Trinkt der Kölner ein Bier, dann trinkt ‚hä sich e Bierche', bei einer Flasche verkleinert er sogar die Verkleinerung und trinkt ‚e Fläschelche'. Der feine Mann raucht ‚e Zijärche', bevor er sich ‚för e Schlöfje op et Örche läht'. Solche Verniedlichungen gelten aber bitte nur im eigenen Umfeld. Andernfalls können diese Bezeichnungen schon mal gegenteilig ausfallen. Ist die Freundin eines Kollegen sehr schlank, wird sie als ‚en knochije Jelz' bezeichnet, die eigene schlanke Freundin hingegen hat ‚e Tälljelche wie e Kanälljelche' – eine Taille wie ein Kanarienvogel. Den wohlgenährten Nachbarn nennt der Kölner ‚Putschblos', sein eigenes Übergewicht beschert ihm höchstens ‚e stramm Büchelche', das ihn ziert, denn: ‚Kääls ohne Büchelcher sin wie ne Höhnerhoff ohne Kückelcher'."

der Saison +
11 90
8 90
Bratkart.
25 90
Matjes

SACHS-DOLMAR

Kölsche Kunst

In dieser Stadt mit den erfolgreichen Galerien, den weltberühmten Museen, den großen Namen in der bildenden Kunst gibt es Hunderte von unbekannten Künstlern, die hart um ihr Überleben kämpfen. Frank Herzog hat seine Durststrecke – von Kölsch ist hierbei nicht nur die Rede – hinter sich. Immer mehr Ausstellungen, quer durch Deutschland, machen seinen Namen bekannt, er verkauft gut, es finden sich Sammler. Die selbstgedrehte Zigarette wird gegen eine dicke Zigarre ausgetauscht. Er ist ein begnadeter Zeichner, Karikaturist und Porträtist. Seinen kleinen Skizzenblock hat er immer dabei, notfalls reicht auch ein Bierdeckel. Seine Leidenschaft aber sind Skulpturen aus Holz, bunt bemalt. Ein Totenkopf mit Narrenkappe aus Wellpappe, liebevolle Hundegesichter neben toten Mäusen, Fischen und Fröschen. Geschnitzte Särge, „reingelegt habe ich mich da schon", auch diese natürlich bunt bemalt. Dann gibt es naturalistisch geschnitzte Aschenbecher auf Säulen, darin Zigarettenkippen, so exakt, daß schon bei so mancher Vernissage die Besucher ihre eigenen Zigaretten darin ausdrückten.

In seinem Atelier wird man als erstes von lauter Musik und einem Punchingball empfangen. „Der ist gut gegen Aggressionen. Meist heißt der wie ein ehemaliger Galerist von mir, der mir noch Geld schuldet."

Wie viele gute Kölner ist Frank Herzog ein Imi, er kommt aus Bückeburg. „Das Schönste an Köln sind die Büdchen, kein Notstand in der Versorgung, singletechnisch perfekt. Die Stadt vergleicht sich immer mit anderen Großstädten: das wunderschöne Hamburg, das wirtschaftliche Frankfurt am Main. Quatsch. Selbst in Hamburg fragen dich gestandene weltreisende Menschen, warum du dieses Kunstwerk machst, wer das in Auftrag gegeben hat. Sie begreifen gar nicht, daß das für sich steht. In Köln weiß jeder, daß das so ist. Hier ist die Kunst ein Wert für sich."

ECHTE FRÜNDE STON ZESAMME

Drei alte Freunde treffen sich beim „Campi", unten im WDR-Gebäude am Wallrafplatz, gegenüber vom Dom. Die hinreißende Alexandra Kassen, Gründerin und Chefin des Senftöpfchentheaters, einer Kleinkunstbühne, in der viele der heute Großen ihre Karriere begonnen haben. Gigi Campi, der italienische Architekt und Gastronom, der in Köln geboren wurde und dessen Eltern schon in den 20er Jahren ihr Eiscafé auf der Hohe Straße eröffneten. Und last but not least Franz-Josef Antwerpes, über den die Leute in der Stadt sagen: „Der große Kurfürst von Köln wäre nicht der große Kurfürst von Köln, wenn er nicht so eine große Klappe hätte. Es gibt sicherlich keinen Regierungspräsidenten in Deutschland, der so bekannt ist wie Antwerpes, und die Kölner sind froh, daß sie so einen eckigen Kopf haben, über den sie sich auch mal richtig ärgern, über den sie auch mal richtig schimpfen können, den das aber selbst ziemlich kalt läßt."

Die drei kennen sich seit vielen Jahren, freuen sich, Zeit füreinander zu haben. Sie treffen sich bei etlichen Gelegenheiten, sind in vielen Gremien der Stadt. Sie sind stolz darauf, daß vieles in der Kultur hier durch den Einsatz der Bürger geschieht. Gigi Campi: „Die großen Museen in Köln sind doch alle auf Initiative von Kölner Bürgern entstanden, aus deren Sammlungen heraus, ohne deren großes – auch finanzielles – Engagement gäbe es die doch gar nicht."

Sie reden über das 40jährige Jubiläum des „Senftöpfchens", von den schönen Zeiten früher, als bei Campi in der Hohe Straße sonntags vormittags noch Jazz-Platten gespielt wurden. Per Handy und durch die Lokalredaktion des „Express" bringt der Regierungspräsident noch schnell einen faulen Lehrer zur Raison: „Ich muß oft die Öffentlichkeit benutzen, um meine Sachen durchzukriegen!" Gigi Campi, ein belesener Charmeur der alten Schule, beginnt, mit Antwerpes über Cicero und Frauen zu schwärmen, Alexandra Kassen sagt weise, jede Frau müsse ihr Geheimnis haben.

WDR-Regisseure und Kommunalpolitiker grüßen im Vorbeigehen, das Essen schmeckt so gut wie der Wein, ein wundervoller Nachmittag.

Aber hier ist es irgendwie anders, familiärer. Alle schunkeln, auch der örtliche Fotograf, der das Ereignis natürlich dokumentieren muß. Verzällcher machen die Runde: „Köln hat sieben Brücken, man kann sich aussuchen, auf welcher man am liebsten im Stau steht." Es folgt ein spanisch angehauchtes Lied, die Damen im Parkett tanzen Tarantella oder das, was sie dafür halten. Dann kommt ein Lied gegen Schützenbrüder, und die ortsansässigen Schützenbrüder amüsieren sich köstlich.

Überhaupt, die Texte. Die Bläck Fööss sind richtige Chronisten der Zeit, der Stadt und ihrer Bewohner. Früher, als das Leben noch nicht so kommentiert wurde, da gab es die Moritatensänger, die beobachteten das Leben, nahmen alles liebevoll auf die Schippe, weil sie es so liebten. Und wurden dafür geliebt. Wie die Bläck Fööss. Sie singen über Mallorca, den Samstagseinkauf, die Kneipe, die Kaffeebud.

Und dann kommt doch wirklich „Moni hat geweint" und wenn „Polterabend op d'r Elsaßstroß" erklingt, hält es keinen mehr. So eine kleine Straße und so berühmt. Zum Schluß bei „Bye Bye my love, mach et jot, bes zom nächste Mol" müssen und dürfen die Bläck Fööss gar nicht mehr singen – das Publikum okkupiert den Eid. „Niemals geht man so ganz", das Lied von Trude Herr. Trude, dieser Kölsche Schuß, auch sie ist nie so wirklich gegangen. Sie wird immer ihren Platz in dieser Stadt haben, sie wird nie vergessen sein. Solche durchgeknallten Typen werden hier geliebt, auch Jahre nach ihrem Tode. „Nie verläßt man sich ganz" – kölsche Urweisheiten.

Bläck Fööss – mehr ist nicht zu sagen

Vorstadt, alles ist da: Bierwagen, Mettbrötchen, der Abend ist lau, wie es sich für einen Maiabend gehört. Dann rein in den Saal. Denn heute sind die Bläck Fööss da. Sofort beim ersten Lied eine vertraute Atmosphäre. Alle singen mit, vom ersten Ton an. Das gibt es wirklich nur in Köln. Schon jetzt Zugabe-Rufe. Bei „Drink doch eine met", singt das Publikum den größten Teil des Liedes schon selber, da brauchen sie die Musiker gar nicht mehr. Das ist wie bei den Stones oder bei Gianna Nannini.

Dann kommt es zum Schluß. Im Saal hört es sich an, als sei man in einer Halle mit 5000 Leuten, es können aber höchstens 500 sein. Und welches Lied kommt jetzt? Natürlich „En unserem Veedel". Die Musik ist auch noch so schrecklich schön sentimental. „... denn he hält mer zusamme, egal, wat och passeet – en unserem Veedel." Das Veedel ist das Veedel ist das Veedel. Und zum allerletzten Schluß kommt „Mer loße der Dom en Kölle". Weil man die wichtigen Sachen des Lebens zum Schluß doch noch regeln muß.

SHURE

Unter den Brücken ist die Akustik am besten

Riverboatshuffle auf dem Rhein. Einfach immer der Musik nach. Schon eine halbe Stunde vor Abfahrt fängt die Band an zu spielen. Und dann ist das Sonnendeck auf dem Schiff der Köln-Düsseldorfer in Null Komma nichts voll besetzt. Am Bug sitzt eine Gruppe älterer gepflegter Herren mit einem Pittermännchen. Na, das kann ja noch ein schöner Abend werden. Pünktlich um zehn nach acht – auch die notorisch Zuspätkommenden haben ihre Chance erhalten – legt das Schiff in der strahlenden Abendsonne ab. Richtung Mülheim, unter der Hohenzollernbrücke durch. Die Leute auf der Brücke und die auf dem Schiff winken sich zu. Das Leben ist schön.

Dann unter der Zoobrücke hindurch – da klingt der Jazz einfach phänomenal, die Akustik ist umwerfend. Später bei der Mülheimer Brücke – nicht ganz so gut. Dann wendet das Schiff. Wieder zurück zum Dom. Die Altstadt schaukelt langsam und schön vorbei, es geht nach Rodenkirchen. Die Severinsbrücke klingt übrigens auch gut. Immer wieder winken Leute. Völlig Fremde haben das Bedürfnis, sich zuzuwinken, ein Phänomen an allen Flüssen, nicht rein kölsch. Weil die Menschen dadurch das Gefühl haben, nicht allein zu sein. Das Leben, das Träumen, das Wasser, die Musik, die Stadt: Köln. Dann wird endlich getanzt. Die dickste und lebenslustigste Frau des Abends beginnt und tanzt am ausgelassensten. „The Up Town Four" spielen Zickenjazz, Jazz mit Schuß. Im Unterdeck spielt eine Gruppe Cool Jazz, musikalisch besser, aber hier am falschen Platz, fast keiner hört zu.

Und dann der Sonnenuntergang. An diesem Abend hat sich der liebe Gott, oder wer immer dafür verantwortlich ist, ganz viel Mühe gegeben. Der Sonnenuntergang, der Dom und die Rheinbrücken – das ist unheimlich schön. Das Erstaunliche am Dom ist, daß er zu jeder Tageszeit eine andere Farbe hat. Innerhalb einer Stunde verändert sie sich. Immer so zwischen Grau, Gold und Silber changierend. So vornehm ist er, unser Dom. Und deshalb lieben wir ihn. Langsam wird es dunkel. Dann – der Kitsch hört wohl nie auf – gibt es ein Feuerwerk der Deutzer Schützengilde. Die Deutzer Silhouette erstrahlt in den Farben der Raketen. Nun tanzen alle auf dem Schiff. Und der Dom tanzt heimlich mit.

Linus ist Kult

Linus Talentprobe am Tanzbrunnen – daß die Leute danach süchtig werden, versteht, wer einmal da war. Nachwuchssänger stellen sich dem gnadenlosen Publikum, singen vor 5000 Leuten, alle 14 Tage freitags, den ganzen Sommer lang.

Hinter der Bühne bereiten sich die Künstler vor. Aufgeregt, aber mit vorgetäuschter Gelassenheit. Ein Rapper bespricht mit den Technikern ein Handzeichen zum Abbrechen, wenn das Publikum zu sehr buht. Sie brauchen es dann später auch wirklich. Nun rein ins Getümmel.

Der Eintritt kostet übrigens nur 14 Mark. Linus heizt die Stimmung an. Er singt viel, viel besser als die Kandidaten, die dann auftreten. Er ist der eigentliche Höhepunkt, er hat die Leute einfach im Griff. Vorher in der Garderobe ist er zurückhaltend, freundlich, bescheiden. Später bei seinem Auftritt singen dann alle 5000 lauthals „Living in Colonia" mit ihm. Die Veranstaltung gibt es nun schon seit 26 Jahren, Linus macht die Show seit sieben Jahren. Und jedesmal ist sein Vater dabei und fotografiert ihn. Einfach rührend.

Gutaussehende Unterstützung findet Linus bei seinen zwei Euro-Bienen, Mädchen in knappen Paillettenhöschen, die nach einer wunderbar abgegriffenen Choreographie tanzen. Als erste Kandidaten: „Drei Kölsche mit Schuß", drei Männer und eine Frau, die nur einfach eine Kneipenwette einlösen und ihren Freunden im Publikum eine Freude machen wollen. Sie können überhaupt nicht singen, aber das macht gar nichts. Sie werden gnadenlos runtergemacht, aber sie lachen, es geht nur um den Spaß.

In Köln werden oft Sachen gemacht, die man nicht so ganz ernst nimmt. Das Publikum will mitsingen und klatschen oder pfeifen und buhen. Schon beim ersten Ton wird entschieden, wohin es geht. Meist geht es nach hinten los, das heißt, das Publikum buht, dreht der Bühne den Rücken zu, winkt nach hinten. Geierpuppen an kleinen Galgen werden demonstrativ hochgehalten. Aber denen auf der Bühne macht das gar nichts. Irgendwann sind die „Aufhören"-Rufe so laut wie die Musik, aber die Freizeitsänger sind happy. Spaß doppelt pur. Das nächste Opfer wird ausgebuht, als es nur die Bühne betritt. Das Mädchen singt grauenvoll und wird vom Publikum regelrecht geschlachtet. Daß sie jedoch bei diesem Pfeifkonzert noch weitersingt, das fordert Hochachtung ab.

Dazwischen macht Linus immer wieder Stimmung gegen Düsseldorf, die ungeliebte Nachbarstadt. Das Publikum hält Schilder mit Witzen hoch, die besten Gags nimmt Linus genüßlich in seine launigen Sprüche auf.

US

Am Tanzbrunnen gibt es auch andere kölsche Sensationen: Senioren- und Familiennachmittage mit Ludwig Sebus und die heißgeliebten Auftritte von Marie Luise Nikuta, dem „kölschen Eisbrecher". Aber die Begeisterung bei Linus ist, wie man hier sieht, bedeutend größer.

Christopher Street Day

Seit ein paar Jahren gibt es in Köln neben der fünften Jahreszeit, dem Karneval, auch eine sechste – den Christopher Street Day. Schon Tage vorher läuft viel Lack und Leder durch die Stadt. Kesse Väter mit ihren schweren Motorrädern, viele martialische Männer mit schwarzen Schnauzbärten und ätherische Knaben verschönern das Bild der Stadt der Toleranz. Die Stadt ist in froher Erwartung. Akzeptiert ist dieser Umzug der Schwulen und Lesben hier in Köln schon lange. Alle gehen hin, Familien mit Kindern, altgediente Ehepaare, selbst die Omis. Und alle freuen sich an der Lebenslust der anderen und an ihrer eigenen. In Köln wird eben alles zum Karneval. Für manche ist der Umzug genau so schön wie der am Rosenmontag. Und gerade kommen zwei Sonnenblumen vorbei, die Jungs sind noch schöner als sonst.

Karneval – Die fünfte Jahreszeit

Ludwig Sebus, eine Ikone des Kölner Karnevals, bringt das Gemeinschaftsgefühl, die Liebe zur Stadt und die Liebe zu Tradition und Brauchtum, die Kölner und Imis verbindet, auf den Punkt: "Fastelovend ess ne Bazillus. Hä befällt Kölsche wie och Zojereiste. Ärg wichtig ess, dat mer sech sälvs nit Äns nimp un och övver sech selver lache kann. Nor, dä Bazillus wirk menschenfründlich, driev zom Laache. Hä grasseet en d´r Fastelovendzigg op kölsche Fete, an Weetschafte, op Sitzunge und bei Veedels- un Rusenmondagszög. Janz bestimmt äver bei alle Jecke op d´r Stroß!"

Im Grunde genommen ist es ein kirchliches Fest: Vor dem Beginn der Fastenzeit wird noch einmal kräftig auf die Pauke – die „decke Trumm" – gehauen. Kölsche Lieder, die traditionsreichen Karnevalsvereine und Tanzcorps wie „Die Roten Funken", „Die Blauen Funken", „Die Prinzengarde", „Die Ehrengarde", „Die Hunnen", „Die Landsknechte" und all die anderen geben den Rahmen für die großen Sitzungen, die farbenprächtigen Bälle, bereiten die Stimmung, der sich niemand – ob Kölner oder Imi – entziehen kann oder will. Büttenreden, Singen, Tanzen, Lachen, Bützen: Im Karneval ist die Stadt jeck. Wirklich ein gutes Lebensgefühl. Der Straßenkarneval in den Veedeln bringt das Glücksgefühl des gemeinsamen Feierns in den letzten Winkel, in die letzte Kneipe der Stadt.

Zum kölschen Lebensgefühl gehört es aber auch zu sagen: „Dieses Jahr will ich mit dem Karneval nichts zu tun haben. Wegen der Arbeit kann ich leider nicht wegfahren. Aber diesmal gehe ich nicht raus, diesmal nicht. Ich ertrage diesen verordneten Frohsinn einfach nicht." Und dann findet man sich auf einmal auf einem Kneipentisch stehend wieder – begeistert, schunkelnd, singend. Man kann sogar als Imi alle kölschen Texte richtig mitsingen: „Emol Prinz zu sin in Kölle am Ring", wenn auch zeitlich leicht versetzt. Am nächsten Morgen ist die Stimme weg. Macht nix. War ein toller Abend.

Der gehobene Herrenabend

Der Linksrheinische Kotelettclub, was ist das eigentlich? Essen die da die besten Koteletts Kölns, oder sehen die so aus wie die schönsten Koteletts Kölns? „Es gibt nur ein wahres Kotelett in Köln, und das ist rechtsrheinisch, bei Lommerzheim. Wir versuchen hier, es nachzumachen. Aber so gut kriegen wir es doch nie hin." So äußert sich einer der zehn „Präsidenten" des Linksrheinischen Kotelettclubs, denn jedes Mitglied ist hier Präsident.

„Vereinigung für das Schwein im Manne" – so lautet der Untertitel des Vereins. Man sieht, das Ganze ist eine sehr ernsthafte Angelegenheit. „An dem Tag, an dem eine Satzung entworfen wird, an dem Tag wird der Verein aufgelöst." Einmal im Monat, am ersten Donnerstag, trifft man sich zum Kotelettessen: Doppelrippe, und im Gegensatz zu Lommerzheim, paniert. Es gibt schwäbisch-hällisches Landschwein, im ganzen wurden in den letzten fünf Jahren an die 18 Schweine verspeist. Es sind nur Herren, die sich hier treffen, so um die Mitte 30, alle mehr oder weniger verheiratet. Banker, Rechtsanwälte, Makler, Feinkostladen-Besitzer, „also alles gescheiterte Existenzen in gesicherten Positionen. Und wir reden auch viel, zum Beispiel über Ereignisse im Ausland, also in Deutz zum Beispiel. Oder über Berlin – das mögen wir nicht so, es ist rechtsrheinisch". Man trifft sich sich bei „Holtmann's" in der Altstadt. Früher war am Lokal ein Straßenschild mit dem Namen des Vereins angebracht. Das Ordnungsamt witterte aber mögliche Verwirrungen bei Kölnbesuchern – so mußte es entfernt werden. Nun hängt an dieser Stelle das „Denkmal für den unbekannten Spießer". Es ist so schön, seine Macken zu pflegen.

Nachbarschaftsfest im Biergarten

Auch wenn der Biergarten in Bayern erfunden worden sein soll – der Kölner hat mit ihm das gemacht, was er mit vielem macht, was er mag: Er übernimmt es. Am 1. Mai wird traditionell die Saison eröffnet, das Festbier wird angestochen. Im „Monheimer Hof" zum Beispiel, in der Nähe des Zoos, wird dann „die Nachbarschaft" zu Freibier und Essen – „Hofpfanne": Röstkartoffeln, Fleischkäse, Spiegelei und hausgemachter Krautsalat – eingeladen. Denn die Nachbarn müssen ja immerhin den ganzen Rest der neuen Saison ertragen: das Lachen, die Musik, den Lärm. Leben und leben lassen – das ist die Devise. Sicher kommen nicht alle. Aber die, die kommen, sind wild entschlossen, sich zu amüsieren. Klappt auch. „Kneipe ist Viertel, und Viertel ist Kneipe."

Und irgendeiner hat auch immer Geburtstag, heute ist es Inge. Große Geschenkkörbe und noch größere Sommersträuße warten schon auf sie. Alle freuen sich jedes Jahr wieder darauf. Bis spät in die Nacht sitzt man dann zusammen.

Biergarten
Biergarten-Zeit...
Festbier-Zeit

Mona, die Freundin der netten Serviererin, sitzt einsam und leise am Tisch in der entlegensten Ecke und liest ein dickes Buch, bis einer kommt: „Drinks do eine met?" Zwei schon etwas ältere Freundinnen bestellen sich ein Schnäpschen nach dem anderen. Aber so richtig lustig werden sie dadurch zunächst auch nicht. Doch dann können sie sich einer gewissen Fröhlichkeit auch nicht widersetzen. Das Leben, das Leben.

Hinten in der schattigen Ecke erbetteln sich die beiden halbwüchsigen Jungs von ihrer Mama eine Portion Nachos mit Salsa-Sauce, selbst das ist mittlerweile kölsch. Vier andere Teenies führen lauthals ihre neuen Rollerskates vor und die Papierblumen, die sie auf der nahegelegenen Kirmes geschossen haben. Die kleineren Kinder quengeln, werden mit Limo und Eis beruhigt. Die größeren werden dazu verdonnert, die Kiddies weiter zu beschäftigen – damit Papa und Mama wenigstens mal am Sonntag Ruhe haben. Sie überlegen krampfhaft, bis sie den rettenden Einfall haben: „Ich hab eine ganz tolle Idee. Du versteckst dich, und ich suche dich. Ist doch toll, mmh?" Oder sie schicken die Kleinen zum Sandkasten. Warum sind eigentlich fast immer nur dünne Kinder in den Sandkästen? Die dicken Kinder nutzen ihre Zeit, um bei den Eltern Kartoffelchips zu ordern: „Papa, das Geld reicht aber nur für zwei Tüten." Wieso war Heinrich Zille eigentlich niemals in Köln?

Die Hunde liegen – völlig erschöpft von diesem aufregenden Leben – unter den Tischen und schlafen glücklich, zwischendurch immer mal wieder interessiert schauend, ob auch alles in Ordnung ist. Es könnte ja sein, daß sie eingreifen müßten oder daß sie einen Happen schnappen könnten.

Und pünktlich um 15 Uhr – der sehnlichst erwartete Festbieranstich, Freibier für alle. Verteilt werden die Krüge von der Maikönigin und dem Maikönig, die am Vorabend gewählt wurden. Die Biertabletts sind riesengroß, die Maikönigin strahlt, was das Zeug hält. Sie wird nur noch von den weiblichen Teenagern des Familienclans – von denen wirklich alle Zahnspangen tragen – übertroffen. „Der König ist dein Vater? Dann behandele ihn auch ein Jahr lang wie einen König!"

Maikönig
Monheimer
MONHEIMER

Das war´s

Köln – das ist eine Stadt mit einer Million Einwohnern, in der Menschen aus einhundert Nationen leben. Und sie hat so viele Facetten: Die Vielfalt der Menschen, Industrie, Handel und Handwerk halten die Stadt in Atem. Theater, Musical, eine Unzahl von Musik- und Fernsehproduktionen bringen frische Farben in die Stadt. In den Restaurants serviert man die Küche aller Herren Länder. Kneipen und Brauhäuser, Discotheken und die immer wache Straßenszene geben der Stadt ihr ganz eigenes Flair.

Dies alles in einem Buch zu beschreiben, das ist nicht möglich. Dieses Buch soll neugierig machen auf eine Stadt, die niemals schläft. Denn in Köln zu leben, das heißt, immer wieder, Tag für Tag, neue Entwicklungen zu erleben, zu sehen, wie sich Straßenzüge und Veedel verändern, daß neue Nachbarn kommen, festzustellen, daß sich alles bewegt, alles fließt. Eine so große Stadt kennt eben keinen Stillstand. Und doch: Die kölsche Lebensart, die Sprache, die Tradition und die Toleranz – das bleibt, das macht den Charme dieser liebenswerten Metropole aus, die den Menschen das Gefühl von Wärme und Heimat gibt.

Jeder nimmt für sich, was er mag, was er will, was er braucht. Und man läßt ihn auch. Jeck, loss Jeck elans. Und natürlich sieht jeder seine Stadt anders. Für den Karnevalisten geht nichts über den guten, alten Rosenmontagszug, die Medienleute kommen her, um Karriere zu machen, für den Urkölner ist es das Veedel, die Veedelskneipe, die ihm wichtig ist, für die Studenten ist Köln oft nur eine Durchgangsstation mit vielen flippigen Musikclubs, die dann doch unerwartet Heimat wird.

Wir haben Köln in diesem Buch so gezeigt, wie wir es sehen. Und es ist natürlich so wie immer, wenn man verliebt ist: Man spricht, man schwärmt von den Dingen, den Menschen, die einem persönlich auffallen, die einem ganz besonders wichtig sind, einem am Herzen liegen, die einen berühren. So sehen wir es: „Unser Köln, so wie wir es lieben."

PETERS
KÖLSCH
PETERS BRAUHAUS
PETERS BRAUHAUS

Die Autoren

Doris Sieckmeyer-Plenert arbeitet als freischaffende Schauspielerin im Theater und im Fernsehen, als Rundfunksprecherin, Journalistin und Buchautorin.

Jürgen Sieckmeyer ist freischaffender Fotograf: Fotoreportagen, Theaterfotografie, Werbefotos, Plattencover, Fotobände und Kunstkataloge. Fotoausstellungen in Deutschland, Österreich, Polen, Dominikanische Republik, Venezuela.

Neben etlichen anderen Büchern ist von ihnen im Wienand Verlag der Fotoband „Köln – Die nördlichste Stadt Italiens" erschienen.

Dank

Ein besonderer Dank gilt der Peters & Bambeck Privatbrauerei, dem Peters Brauhaus und seiner Mannschaft für die vielfältige Unterstützung. Ohne sie wäre dieses Buch nicht möglich gewesen.

Wir danken Marita Dohmen von der Akademie för uns kölsche Sproch und Heribert Malchers, Intendant des Hänneschen Theaters, für ihre sachkundige Beratung zu Feinheiten der kölschen Sprache und Lebensart.

ECHT KÖLSCH
100 Jahre